D1725669

Wilhelm Killmayer

Der alte Mann mit dem Cello
sagt statt »hallo«
jetzt immer nur »hello«

Wilhelm Killmayer

Der alte Mann mit dem Cello
sagt statt »hallo«
jetzt immer nur »hello«

Gesammelte Gedichte über Musik
und das ganze Leben

Herausgegeben von Michael Krüger
Präsident der Bayerischen Akademie der Schönen Künste

Wallstein Verlag

Inhalt

Wie alle gestandenen Misanthropen und Melancholiker hatte auch der große und vielfach geehrte Komponist Wilhelm Killmayer einen wunderbaren Sinn für Humor. Auch und besonders für ihn galt, daß Menschenliebe als allgemeine humanistische Pflichtübung nicht jeden Menschen einzuschließen habe – ja, recht besehen galt seine weltumspannende Menschenzuneigung nur einem verschwindend kleinen Kreis der Spezies: Seiner Familie, Komponistenfreunden, Schriftstellern und Dichtern von Sappho über Hölderlin und Mörike bis zu den Dorsts. Den Rest der Menschheit wollte er unbedingt auf Distanz halten. Aber wie?

Wilhelm Killmayer hatte entschieden etwas gegen pompöses Auftreten, Pomadigkeit, Klugscheißerei, Angeberei und ähnliche Eigenschaften, die zu seinem Kummer auch in Künstlerkreisen gepflegt wurden – und wenn er in düsterer Laune war, konnte er zu der Ansicht kommen, daß gerade Kunstkreise diese in seinen Augen verabscheuungswürdigen Eigenschaften in hohem Maße auszeichneten. Und wenn er ganz schlimm drauf war, waren diese Kunstkreise sogar die Erfinder dieser Weltübel, die es dem Menschen nicht gestatteten, sein Leben in diskreter Würde zu leben. Wie er diese alarmierenden Befunde vortrug, war dann allerdings oft so komisch, daß man – und besonders ich – das Lachen nicht zurückhalten konnte, und nach einer Weile, als müsse er noch schnell überlegen, ob seine Äußerungen auch tatsächlich komisch aufzufassen gewesen waren, stimmte er dann endlich ein. Mit anderen Worten, man darf sich diesen wunderbaren Menschen und Komponisten nicht als einen aus vollem Halse Lachenden vorstellen und schon gar nicht als einen Witzeerzähler. Er war von temperamentvoller Niedergeschlagenheit, nur mit solchen petrarkistischen Metaphern läßt er sich so halbwegs fassen. Ihn umgab nichts Luziferisches, wohl aber war er ein genuiner Spötter. Die Welt retten wollte er jedenfalls nie, weil er ganz entschieden der Meinung war, daß sie sich nicht retten lassen wollte – nicht einmal durch Musik.

Wilhelm Killmayer beherrschte nicht nur die Semantik der Töne, wie er sie für seine Kunst brauchte, sondern auch sämtliche Spielarten dessen, was ich als sekundäre Ausdrucksformen bezeichnen möchte: er konnte grummeln und knurren, surren und gurren, grunzen und tuscheln, wispern und wispeln, schnarren und schnauzen, granteln und gnatzen, aber natürlich auch ganz vorzüglich lispeln und fispern, ganz zu schweigen von seiner Fähigkeit zu maulen, rumpeln, nörgeln und muffeln. All diese Fertigkeiten setzte er ein, wenn er eine ihm nicht genehme Ansicht vom Tisch wischen wollte, also eher unbewußt, aber auch ganz bewußt – wer einmal gehört hat, wie er die Ursonate von Kurt Schwitters vortragen konnte, mit Buster-Keaton-Miene und ohne zu stottern und zu stolpern, der weiß was ich meine. Umwerfend, komisch, bravourös.

Diese Fähig- und Fertigkeiten kamen auch seinem schriftstellerischen Werk zugute, zumal dem Teil, der in diesem Band zusammengeführt ist. Es war schon lange der Wunsch Wilhelm Killmayers gewesen, einmal einen Band seiner Limericks und Nonsensverse herauszugeben, aber es kam, wie so häufig bei Menschen, die so gestrickt sind wie er, immer etwas dazwischen, Wichtiges und Unwichtiges. Und schließlich wollte sogar der Tod ein Wörtchen mitreden und die Herausgabe verhindern. Aber da hat er, der Allesvernichter, die Rechnung nicht mit der Akademie gemacht, die dem Komponisten und Freund viel zu danken hat.

Wilhelm Killmayers letzter Scherz bestand ja darin, daß er am 20. August 2017, einen Tag vor seinem 90. Geburtstag, als alle Kritiken und lobende Würdigungen geschrieben und abgegeben waren, dem Tod die Tür geöffnet hatte.

. . .

Daß dieses Bändchen nun ein Jahr nach dem Tod unseres Mitglieds Wilhelm Killmayer in der Reihe der Bayerischen Akademie der Schönen Künste erscheinen kann, haben wir Martina Killmayer zu verdanken, die das Material zur Verfügung gestellt hat, und Andrea Buder, die die verschiedenen Fassungen kollationiert hat. Für die Originalaufnahmen auf der beigelegten CD danken wir Klaus Voswinckel, Bettina Ehrhardt und Benedict Mirow. Bei einem Abend zu Ehren von Wilhelm Killmayer hat Stephan Hunstein einige der Limericks vorgetragen und uns noch zusätzlich ermuntert, den Band zusammenzustellen.

Ganz besonders freut mich, daß Sigi Mauser, ein Freund von »Killi« und sicher der profundeste Kenner und einer der anmutigsten Interpreten von dessen Werk, ein ausführliches Nachwort beigesteuert hat.

Michael Krüger

Limericks

Instrumente   Sänger   Orchester

Der alte Mann mit dem Cello
sagt statt »hallo« jetzt immer nur »hello«
denn sein »a« ist gerissen
und er fühlt sich beschissen
wie von Jago einstmals Othello.

's ist ein Bratscher, der dann heftig zittert,
wenn sein Weib er sieht, das sehr verbittert.
Dann: das Trillern, 's gelingt ihm,
das Vibrato: er bringt's hin,
wenn er sie nicht sieht, sondern nur wittert.

's war ein Dirigent, der dirigierte nur nackt,
ein jegliches Werk im Fünfachtel-Takt;
's war ziemlich vertrackt
und nicht immer exakt,
die Kritik jedoch fand die Werke »entschlackt«.

's war ein Jüngling, der spielte Fagott,
er spielte unsauber, doch behende und flott;
mal durchblies er zwölf Nächte,
Gott! wie ihn das schwächte,
nicht tot war er, doch das Fagott Schrott.

's war mal ein hessischer Tubabläser,
ins Mundstück steckt' er immer viel Gräser;
wurden die dann zu Heu
o wie klang alles neu
ja, sagt er, oft zu atmen vergäß' er.

's war ein Saxophonist aus Plön
litt in Süddeutschland stark unter Föhn
manche Stell kam zu schnell
und die Höhe war grell
ja bei Föhn blies der Plöner nicht schön.

's war ein Hornist, mittel bläst er,
verpatzt gestern einen Ton im Orchester
ins Orchester setzt jetzt er die Schwester
sein Horn an die Lippen fest presst er
doch den Ton bläst die Schwester und den Rest er.

's ist ein Pauker, der war mal im Kongo
seit der Zeit spielt er hauptsächlich Bongo;
mit der Hand er ganz leicht
übers Fell streicht – das reicht!
Er behandelt auch Rassel und Gong so.

Ein Garçon aus Lyon bläst Piston,
wenn kein Wind weht, dann hört man ihn schon,
und den Zapfenstreich
bläst er besonders weich
denn er steckt ins Piston ein Tampon.

's war ein Trompeter, keine Zähne mehr hat er,
bestimmte Stellen spielt grandios vom Blatt er,
besonders glissando,
Mann! wie er das kann o,
da setzt die Posaunen glatt matt er.

Ein Organist hat am Fuß 'nen Abszess,
fand deshalb beim Pedal nie das »fes«,
doch das macht ihm nicht Stress
spielt indes einfach »ges«
und umgeht so das »fes« mit Nobless.

's war mal ein Walliser Alphornbläser,
war früher mal Hirte, später dann Käser.
Den tiefsten Ton elegant zu bringen,
sagt er, kann nur wen'gen gelingen,
nur mit Hasenscharte ging's, und die besäß' er.

Ein Paukist hat sich beschwert,
weil man ihn, da ein Pferd
bei zwei vertrackten,
äußerst wichtigen Takten
die Bühne überquert, (was stört), nicht hört.

Ein Engländer, Oboist ist er,
Familienvater und auch Christ ist er
für die Lämmer, die weiden
spielt er ausschließlich Haydn
o wie glücklich doch ist dieser Mister.

's war mal ein märkischer Geiger
spricht nicht viel, war eher ein Schweiger
seine Uhr ohne Zeiger
aufzuzieh'n er sich weiger'
da die Zeitlosigkeit, sagt er, ihn steiger'.

Es sagte einmal ein Baskide
– er spielte die Ophikleïde –
er verstünd', daß ein Dirigent,
der das Instrument nicht kennt
die Ophikleïde miede.

Es forschte auch jener Baskide
nach dem Ursprung der Ophikleïde
entdeckt, daß vor Mendelssohn
fand eine solche schon
einst ein Brite auf einer Hebride.

's war 'n Posaunist, der spielte verboten
wollte mit Noten erwecken die Toten,
hier nichts gelang ihm
doch ins Gesicht mal sprang ihm
ein Toter dort auf den Lofoten.

'n alter Obrist spielt zwei Klarinetten
hofft, daß sie 'ne Stelle an der Oper für ihn hätten
doch die Uniform auszieh'n
das war für ihn nicht drin
und so spielt er mit Epauletten in Operetten.

Ein Piccolospieler war etwas eigen
er spielte immer die Stimme der Geigen;
daß die allerhöchsten Töne
verlöschen lassen man könne
dies würden die Geigen nie zeigen.

Seinen Flötenputzer wüsche mit Pril er
sagt er, früher nahm er Persil her
wenn er dieses jetzt nimmt
sei die Flöte verstimmt
ihm misslinge dann immer der Tri-ller.

's war ein Flötist, der hat nur vier Finger
doch die Sonate, sagt er, schon bezwing' er
zwar fehl'n einige Töne
auf die verzichten man könne
auf Wunsch jedoch, nachher, die sing er.

's gibt ein Mädchen, das heißt Veronika;
spielt mit Begeist'rung die Harmonika
denn ihr Instrument
das hat ein Patent:
's gibt nur einen Knopf, den für die Tonika.

's war ein Schüler, der spielte die Gambe
griff »be« er, was passierte? es kam »de«
warf die Gambe gleich weg,
holt 'n Klappholz aus'm Eck
und drauf übt er jetzt die Dithyrambe.

's ist ein neuseeländ'scher Pianist
der beim Klavierspielen immer was frisst
frisst bei Beethoven Oblaten
bei Tschaikowsky Tomaten
doch unbekannt ist, was er bei Liszt frisst.

Ich bin begabt, ich ahn' und hoff'
ich spiel demnächst Rachmaninow
noch spiel ich Prokoff
doch der hat keinen Zoff
von Leidenschaft troff nur Rachmaninow.

's gibt 'ne wunderschöne Gitarristin
sie heißt Anne und heißt auch noch Christin,
bei Vivaldi hat Anne
mal 'ne schmerzensreiche Panne
doch das schadet nicht Anne-Christin, sie ist »in«.

's war 'n Harfenist, der fürchterlich schielte,
sodaß er nicht sah, die wievielte
Bruckner, den er nicht mag,
heut auf dem Pult lag
weshalb er denn auch gar nicht spielte.

Für zwei erkrankte Posaunen
sprangen mal ein zwei Alraunen;
Sie hatten sich verhaut
und flennten beide laut
und ihr Flennen klang zum Staunen wie Posaunen.

Was er hier schlepp' sei nicht sein Tragbett
ein Instrument sei's das er im Sack hätt';
doch im Sack: nichts als Splitter
das käm', sagt er, vom Gewitter
und Gewitter vertrüg' nicht sein Hackbrett.

's war ein kleiner, bayrischer Kontrabaß,
der immer etwas zu niedrig saß,
rechts mußte die Saiten er streichen
und links die Saiten erreichen;
nach dem Salome-ce war er dann klatschnass.

Im Orchester spielt' mal ein Cymbalist,
der Dirigent wußte nicht, was ein Cymbal ist;
er befahlt, es zu streichen,
der Cymbalist ließ sich reichen
einen Bogen und strich es: es klang wie bei Liszt.

Man schenkte einmal ein Hammerklavier
einem Satyr, daß es ihn frappier';
um jedoch mit Hammerklavier'n
Satyrn zu imponieren
muß man zuerst schon Satiren studieren.

's war ein Bandoneon, das ein Zyklop
gar nicht grob aus dem Futteral hob;
er probierte es leise –
's produzierte nur Scheise,
worauf's der Zyklop wieder reinschob.

Sie schlug das Cembalo mit Vehemenz
auf daß es den Cello-Baß hörbar ergänz';
denn bei dem Continuo,
das weiß man doch sowieso,
braucht die Kadenz etwas mehr Opulenz.

Daß man die tiefe Oboe bemäkel'
war für Wilhelm Heckel ein Menetekel;
so schuf er – mit molligem Ton –
das nach ihm benannte Heckelphon
daß niemand sich vor der Oboe Gequäkel mehr ekel'.

Ein Klarinettist, mehr schlau als gescheit,
war Bassetthorn zu spielen gerne bereit;
ein Instrument, das so rar,
das bringt, 's ist sonnenklar
mehr Honorar bei weniger Dienstzeit.

Das Xylophon – 's ist ein griechisches Wort –
hat im Orchester ganz hinten seinen Ort;
's gibt kein Instrument,
das so langsam brennt,
's brennt doppelt so lang wie ein Klavichord.

Das Vibraphon – es gaben den Namen
ihm einige klangsüchtige Damen
grad, als beim Metallophon
mit seinem bescheidenen Ton
die Metallstäbe Stromstöße bekamen.

Der alte Krumme Zink
gehorcht jetzt jedem Wink;
im Gegensatz zu heute
war'n früher zinkspielende Leute
mit ihrem Zink noch nicht so flink.

Er spielt Tag und Nacht seine Zither;
seine Frau wurde krank; das war bitter;
er begrub seine Zither,
Unendliches litt er;
mit seiner Frau ein Leben lang stritt er.

Der Bäckermeister Franz Huber
bläst nachts die Wagner-Tuba;
tags bäckt er Wecken
mit Asseln und Schnecken;
die Wagner-Tuba nahm ihm da der Gruber.

Ein Oberfranke war's, am Fagott saß er;
man spielte Ballett; 'nen Schmöker las er;
bei dieser Musik, sagt er, mach er
nicht mit, wenn da einer wie Blacher –
und das haß' er – für Fagott schreibt, da pass' er.

Die Posaune kommt nur im ersten Satz dran
mit einem Ton; heut spielt der Ersatzmann;
sieht in der Stimme den Ton,
da läuft er auf und davon;
bei so 'nem Ton, sagt der Ersatzmann, das wiss man, da patz man.

Eine Flöte aus Japan klang fade;
ihr Pomadeton fand nirgends Gnade;
sprach die Blockflöte stolz:
noch niemals verschmolz
ein Ton aus Holz mit einem aus Jade.

Die Es-Klarinette hat's in sich,
sie ist klein, man kann sagen fast winzig;
je nach Bedarf
klingt sie hohl oder scharf
bei Asthmadarstellungen man ihrer bedient sich.

Die Baßtrompete, die Gustav Mahler so schätzte,
dem Posaunisten sie grausam die Lippe zerfetzte;

sein blutiger Mund
verstört seinen Hund
weshalb er an's Pult sich mit Mullbinde setzte.

Ein einarmiger Schlagzeuger aus der hinteren Gruppe
bedient mit einer Hand sowohl Triangel wie Hupe;
spielt er gleichzeitig beide,
gibt's dem Klang eine Weite,
man überhört dann konstant der Posaunen Gepupe.

Das Glockenspiel muß singen und klingen,
muß Mädchen und Tiere bezwingen;
der Klöppel ist hart,
doch das Tönchen ist zart;
am besten soll's Junggesellen gelingen.

Ein Tam-Tam bracht' er mit, aus China kam er,
mit dem Filzschlägel schlug zart und fest das Tam-Tam er,
der Klang flutet zurück
trifft dich jäh im Genick,
wollt' er's noch tam-tamer, den Hammer dann nahm er.

Er spielte die Oboe d'amore
aus dem Bauch einer Riesen-Amphore,
die er in Samarkand
zerborsten allerdings fand,
deren Wand jedoch, meint er, den Klang zart umflore.

Das Euphonium, bei Sousa braucht man's,
hat man Glück, der Posaunist auch kann's;
s'klingt stramm und doch voll,
bei Märschen tut's wohl;
nicht so gut klingt's indessen beim Bauchtanz.

Die Flügelaufsteller brauchten viel Zeit,
sie waren zu zweit und sie hatten Streit;
es hatten die Halunken
auch zu viel Biere getrunken
obgleich für beide bereit stand Sprite.

Die Celesta, die innerlich zarte,
die gleißend und glitzernd Aparte,
die man oft wie Schaum hört,
wo ein falscher Ton kaum stört,
bei Ariadne war's, als sie mal knarrte.

Die Orgel, die man Hammond nennt,
von der Kirchenorgel sie einiges trennt;
ihr rührendes Wimmern
wirkt vor allem in Zimmern
wo man Jesus verehrt und Bach gar nicht kennt.

Wenn die E-Gitarren mit den Bässen
loslegen, klingt's wie besessen;
's reagiert dann das Fleisch
mit enormem Gekreisch
wenn die Töne die Schleimdrüsen pressen.

Ein Baßklarinettist hat 'nen Holzfuß,
am andern Fuß hat er 'nen Hexenschuß,
den Schalltrichter
so richt't er,
daß der bei keinem Fuß durchmuß.

Ein Philharmoniker, ein Wiener
spielt fabelhaft die Okarina
spielt nur Johann Strauß
ausschließlich zuhaus,
die Masse, sagt er, nicht bedien' er.

Der Schutzengel der Gambenspieler
war früher Therapeut für Dealer;
die sind jetzt so weit,
spielen alle Trumscheit,
das macht die Labilen stabiler.

Konsonanten, sagt er, sing' er fast niemals,
da bleiben die Töne ja stecken im Hals;
nur eine Zunge, die ruht
tut den Stimmbändern gut
Stabreime, sagt er, empfehle er keinesfalls.

Man holte sie für eine Hosenrolle;
man gab ihr 'ne Hose, 'ne silberne, tolle;
ihr Po war klein
passte phantastisch hinein;
sie fragte, warum sie noch singen solle.

Als er seine Lippe befeuchtete
ein Scheinwerfer grell ihn beleuchtete;
noch schnell spuckt er aus
denn der Frosch muß heraus:
Wie sein C da, mein Gott! wetterleuchtete!

Geschult hat beständig den Atem er, sagt er,
dies gibt seinem Atem, sagt er, den Charakter;
seine Kurse sei'n teuer
und Voraussagen scheu er,
doch 's gibt keinen Charakter, den, sagt er, nicht packt er.

Limericks

Komponisten   Neue Musik   Dichter

Es gab der Komponist Pärt
vor Suchtkranken ein Konzert;
diejenigen Suchtkranken
die da nicht umsanken
wollten Gott danken, aber nicht Pärt.

Es sagten Herrn Stuckenschmidts Söhne,
daß, wenn man den Hahn, der drei Töne
Schoenberg krähen könne
derartig verwöhne
man damit brahms-tönende Hähne verhöhne.

Hans Pfitzner, der Strenge
trieb sich selbst in die Enge;
sein Leben war bitter,
an Richard Strauss litt er;
aus innrem Gedränge schrieb er deutsche Gesänge.

Sie sagen, man müsse nun retten
von Sammartini sämtliche Menuetten;
so ungern sie's täten,
doch im Leichen-Umbetten
schon ein'ge Erfahrung sie hätten.

Adolphe Adam, der freundliche Meister,
ja ja ich weiß, in die Zukunft nicht weist er;
doch erfreut er noch heut'
mit Giselle viele Leut',
wenn Ballerinenbeine da preist er.

's war Philipp Emanuel Bach,
der mal nach einem Gambisten stach,
der statt »Es« immer »E« spielte
und wenn man ihn anbrüllte
in die Noten schielte und dann sagte »ach!«

Franz Lachner sagt, Walzer, das kann er,
das könne er besser als Lanner,
auch dem Schubert müßt's glücken,
würd' er bei ihm nur spicken
und nicht beim Lanner, da ist doch arm dran er.

An den »Gezeichneten« von Franz Schreker
entzündet die Urteilskraft sich von Paul Bekker
zu sagen – das wag' er –
daß Wagner überrag' er;
im Urteil war keiner wohl kecker als Bekker.

In einer Novelle von Zuck-
mayer ist »Alceste« von Gluck
zweier Liebender Talisman,
wobei man sagen kann,
beiden gibt Gluck den entscheidenden Ruck.

Der Bürgerschreck, der doch schockiert hat, sitzt noch
in den Vorzimmern der Etablierten herum, jedoch
kann er etwas nur warten,
sind seine Chancen zu starten
direkt ins Establishment relativ hoch.

Die Neue Musik nicht mehr haßt er
seit er mitsang bei einem Cluster;
man ist nicht so dumm
sucht nach Tönen herum
man s i n g t einen Ton und schon paßt er.

Das Publikum war hörbar gefrustet,
's war halbleer und 's wurd' deutlich gehustet.
Den Klang, sagt er, hab er entkrustet!
Und steigern enorm den Genuß tät
es, wenn man's vorher gewußt hätt!

Dvořák, der als Dramatiker nicht sonderlich sprühte,
obgleich er um die Oper sich lebenslang mühte,
Doch mit dem »Mondlied«
wo fast jeder Ton zieht,
gelang ihm schlußendlich wohl noch eine Blüte.

Als Brahms sich verloben zu sollen glaubte
ihm Clara entschlossen den Mut dazu raubte;
hätt' wohl anders geschrieben,
wär er nicht ledig geblieben,
da und dort sein Leben wohl nicht so verstaubte.

Die Geschichte Russlands, es kennt sie doch jeder,
Pimen schrieb sie nachts mit kratzender Feder,
er schreibt nicht zu scharf,
teilt mit, was er darf,
doch um vier in der Früh – ja, da zieht er vom Leder.

Der Dichter Burns, aus Schottland kam er,
sein Herz jedoch nicht mit ins Tiefland nahm er,
er ließ es im Hochland;
das machte ihn sehr bekannt;
vor allem in Deutschland fand er viele Nachahmer.

Aus der Grabrede eines Verlegers
zum Tod eines 56 jährigen Autors

Er starb nicht zu früh – und sicherlich tut
sein Anseh'n dem Verlag auch heute noch gut,
doch was bringt es uns, wenn er
schreibt ein Spätwerk für Kenner?
Da er endlich nun ruht, ziehn wir dankbar den Hut.

Daß er mit seinem Jaguar nun ist ausgerastet,
hat bei uns die Herstellung deutlich entlastet;
sein Hauptwerk bleibt jetzt Fragment,
das der Verlag auch gar nicht kennt,
und Skizzen werden bei uns niemals angetastet.

Limericks

Oper   Operette und Verwandtes

Zweiter Akt Tristan.
Die Leuchte noch ist an.
Isolde sitzt bang
Brangäne singt lang
es dauert noch, bist Tristan ist dran.

Statt einem Schwan kamen mal sechs
auf ihren Flügeln stand rot IMEX,
man schickt sie zurück –
für Elsa war's 'n Glück –
doch Lohengrin war schon etwas perplex.

Sie spürt an ihrer Stimme Ton
im »Onegin« singt sie heut Mendelssohn
statt der Arie der Tatjana –
der Text passt, naja, na
wer merkt denn das schon hier in Iserlohn.

Im »Freischütz« war's, als die Agathe
zum Winken kein Taschentuch hatte,
doch hatte zum Glücke
die Souffleuse 'ne Perücke
mit der winkt Agathe nun aus der Kemenate.

Max schoss den Adler – sein Schicksal ruft,
Agathe stand schon halb in der Gruft,
im letzten Moment
der Eremit mit Talent
läßt er Agathen wieder atmen die liebliche Luft.

Als Carmen die Arena betrat
Escamillos Herz einen Schlag zu viel tat.
Der Stier handelte schnell,
es fiel auf der Stell'
der Vorhang schnurgrad'. O wie staubt doch Brokat!

Siegmund am Eschenstamm steht auf der Leiter
zieht das Schwert raus, fällt um und singt weiter
ein kühner Held singt
selbst, wenn er fällt, nur
nimmt er das Tempo dann breiter.

Aus der Kulisse bricht er hervor
vielfüßig, dekorativ und sonor
jauchzt »Heil dir!« brillant
schluchzt »Weh mir!« mokant
der Chor in Lucia di Lammermoor.

Es zeuge, sagt er, von Metier,
wenn am Mund man das Radames-Be
nur seh' und nicht hör'
der Ton doch bloß stör'
die Illusion, aus der Kunst ja besteh'.

47

Zauberflöte, zweites Bild, der dritte Kna-we
sang mitten im Stück die tiefre Oktave
der Stimmbruch – gab er bekannt
hab' plötzlich ihn übermannt.
Ab jetzt sei im dritten Bild er siebter Sklave.

Rudolphe fror stark, hatte keinen Mäzen
ließ zum Wärmen das Sofa in Flammen aufgeh'n.
Kein Bett mehr, kein Stuhl,
(Marcel fand' das cool)
's war nur hart für Mimi und so starb sie im Steh'n.

Wozzeck kommt mal zwei Takte zu spät
singt unbeirrt weiter. (Es geht! Es geht!)
Auch der Hauptmann jetzt hinkt –
wie frei alles doch klingt!
Ja es geht, aus Verseh'n da ein Werk neu entsteht.

Er gab den Evangelisten
in den Passionen der Christen;
die Ragas der Inder
nahm er geschwinder
dies Tempo die Christen vermissten.

Der Edelstatist Horst Panzich
hat vorgestern abend entmannt sich;
wenn er Lola jetzt sieht
zittert nicht mehr sein Glied
auch fühlt er nicht mehr so verkannt sich.

Als Tosca den letzten Ton schmetterte
beim Sprung ihr Kleid sich verhedderte
sie hat sieben Takte Zeit
auszuhaken ihr Kleid.
Bravourös, wie schnell sie da kletterte.

Ein aufmerksamer Platzmietenbenutzer
sprach in der Pause mal an die Santuzza:
bei der Stelle –ma – i, ah –
in der Cavalleria
sänge sie nie »a«, sehr verdutzt da oft stutzt' er.

Als er in Bayreuth den Gunther sang,
der Technik mißlang der Weltuntergang;
ein Scheinwerfer platzte
und Brünnhilde patzte:
sein Schwert er da schwang, minutenlang.

Man fragt sich schon im Don Giovanni,
wie war das mit ihm und der Anni:
er hat sie gepackt,
sie war schon halbnackt
war's für ihn – oder sie nun mad oder funny?

In der Mägdeszene war's, als Elektra
im Hof zum ersten Mal diesen Dreck sah;
zwei Häufen Mist
gesetzt von Ägisth
als Klytämnestra wieder mal wegsah.

Es gehn schon recht seltsame Leut'
in das Musical über Siegmund Freud;
sie haben's wohl im Hals,
denn sie lachen niemals;
's ist das Wetter auch neblig und feucht heut.

Herr von Flotow in seiner »Martha« hat
gewußt, was er tat, wenn er dort, anstatt
durch scharfe Attacken
mit Liedern will packen
und Melodien, die man nicht so bald satt hat.

Goethe, ein von Franzosen verehrter
Librettist ihrer Opern »Faust«, »Mignon« und »Werter« –
außer bei Spohr
kommt er bei uns kaum vor,
weil unseren Bässen keine Götter beschert er.

Es wollte der Lortzing mit den zwei Marien
auf der Suche nach Spohr durchs Himmelreich ziehen;
der Spohr mit dem Faust
hier im Himmel nicht haust,
er bat zwar auf Knien, doch sie ließen ihn ziehen.

Im neuen Musiktheater, sagen sie, hätten
sie keine Verwendung mehr für die Soubretten;
's geht heut um andere Dinge
und mit dem schmalen Gesinge
könnten Soubretten auch Op'retten nicht retten.

Der Quartsextakkord sei für Richard Strauss das Mittel
zu verlängern ein Finale um mehr als ein Drittel,
da dieser Erfüllung verkünde
doch immer in Trugschlüsse münde.
Kein Kunstkenner sei, wer dieses Mittel bekrittel'.

Der Tannhäuser.
Mit Erbsen im Schuh durch Italien geschlurft
auf Vergebung zu hoffen hat er gedurft;
doch man hat ihn verflucht,
jetzt Frau Venus er sucht
wenn er todkrank und halbblind durch Thüringen kurvt.

Mit Loh'ngrin an Bord fort der Kahn schwankt,
inbrünstig da Elsa dem Schwan dankt;
da sackt der Schwan ab,
aus der Flut springt ein Knab,
der ganz nass und halbnackt nur heranwankt.

Man dürfe, sagt er, bei Sterbeszenen
und den dort vorkommenden Kantilenen
nicht sich entfalten,
sondern Tempo halten
und beim Gestalten Todessehnen nicht überdehnen.

Ein Glas frischen Wassers reicht Arabella
zur Versöhnung dem Mandryka auf einem Teller.
Verzeihung erringt er,
ein Duett mit ihr singt er,
verspricht, in Zukunft reagiere er schneller.

Des Bassa Auge traf auf Konstanzes Blick
da erkannt er ihr – und sein eignes Geschick.
Nein, keine Entführung,
sondern Gnade und Rührung;
oh wie tanzt die Musik da vor Liebe und Glück.

Man weiß nicht recht, worum's im »Nußknacker« geht,
wenn auch einiges davon im Programmheft drin steht;
's heißt, ein Kind träumt das alles,
man glaubt dies kein'sfalles
und freut sich, daß man so gar nichts versteht.

Bei Donizetti ahnt der alte Pasquale,
daß er für alle die Zeche bezahle,
damit beim Finale
in jedem Falle
das Glück das Fatale triumphal überstrahle.

55

Zum Preissingen nach Nürnberg kommt Junker Walther;
für die Pognerin hat er just das richtige Alter.
Hans Sachs fädelt's ein
legt den Beckmesser rein,
ist jetzt Evchens Eh- und Vermögensgestalter.

Der König Herodes, der überall kahle,
auch durch Ganzton-Skalen recht fahle,
ließ Salome tanzen nackt,
dafür kriegt sie, frisch abgehackt,
das Haupt des Propheten; man bracht's auf 'ner Schale.

In Unsterblichkeit Orpheus nun sonnt sich,
der Blick zurück, der hat doch gelohnt sich;
hundertfünfzig Libretti,
fast alle paletti,
Kunst, Hades, Tod, Liebe, wie gut das vertont sich.

Die Marschallin – schon älter – in Rofrano verliebt
mit ihm allmorgendlich Küssen übt.
Sophie sieht er dann:
an das jüngre Organ,
das Geübte spontan er dann weitergibt.

Cherubino, der Kleine, ist schon bereit,
der Frau Gräfin zu greifen unter das Kleid;
jetzt schnell ins Versteck:
der Graf kommt ums Eck,
das verleidet dem Buben alle Lustbarkeit.

In Wagners Innerem – aus verschiedenen Ursachen –
war heimlich ein Pyromane am Machen;
die Lohe, der Lohengrin,
der Loge und immerhin
das pyrotechnische Krachen im Rachen des Drachen.

's ist schad', daß der Barbier von Bagdad
gegen Sevilla immer so sackt ab;
man glaubt, daß Figaros Messer
erfasse die Bartstoppeln besser,
wobei man 's Rasieren in Bagdad noch gar nicht gewagt hat.

Waren das alles Akrobaten,
die in Händels Da Capo-Paraden
mit Koloratur-Kaskaden
delikat überladen
Kostüme anhatten zum Kastraten-Erraten?

Samson war wirklich nicht schwächlich,
er stemmte den Tempel tatsächlich
und wie er so stemmte,
ein Kapitell sich verklemmte,
ja der Tempel war schon etwas gebrechlich.

In »Oberon« begegnen sich dreierlei Welten,
das ist verwirrend, deshalb gibt man ihn selten;
der Hornruf allein
dringt ins Herz uns hinein
was Arien und Chöre doch öfter verfehlten.

Lonjumeau ist für mich der Ort,
wo ein Postillon lebte, welcher dort
den höchsten Ton schmetterte,
den ein Tenor je erkletterte;
was für ein Rekord, man engagiert ihn sofort.

's war 'ne Sylphide, die ihre Stimme verlor'n hat,
weil inzwischen einen Sylph sie gebor'n hat
dem die Stimme auch fehlte ...
's macht nix, denn es stellte
heraus sich, daß er auch keine Ohr'n hat.

Lehar – Operettenführer

Es zeigt die Op'rette »Giuditta«
das Leben nicht froh, sondern bitter.
Aus Blindheit mit Glanz
doch ohne Substanz
ganz oft wie Giuditta durchs Leben man schlitter'.

In dem Singspiel »Fried'rike«
erfahr'n wir andre Geschicke.
Anfangs nur Blicke
dann n'bißchen Gedrücke
spät reut dann Fried'rike ihr langes Gezicke.

Auch in »Paganini« leider
erfahr'n wir Schmerzliches weiter.
Als Virtuose am Hofe
küßt Paganini 'ne Zofe.
Die Fürstin auf schreit sehr, der Kunst sich drauf weiht er.

Der Zarewitsch, das wissen der Zar und Lehar
will 'nen Jüngling, keine Frau – etwas sonderbar.
'ne Soubrette verkleid't man
als Mann: er geht gut ran
dann ist's aus; na klar: der Zarewitsch wird Zar.

Es hielt am »Graf von Luxemburg«
erbittert fest der Dramaturg:
dies sei keine »nette
Op'rette«, es hätte
Bob Wilson seziert sie doch wie ein Chirurg.

In der »Lustigen Witwe« zum Schluß
gibt's etwas wen'ger Verdruß;
nach Molesten bei Festen
mit Vermögenstesten
kommt's, wie 's muß, endlich zum Schluß-Kuß.

Kindergedichte

Das Gedicht vom Kinde

Das Kind, es übt ein Stück von Bach,
das Stück ist kurz, doch macht es Krach.
Der Nachbar klopft von unten rauf,
da hört das Kind zu spielen auf.

Das Kind spielt was von Telemann,
es spielt das Kind so gut es kann.
Den rechten Nachbarn das geniert,
sofort wird rüber telefoniert.

Das Kind, es spielt ein Stück von Haydn,
den Haydn mögen die Leute gut leiden;
der Nachbar rechts mag Haydn nicht,
er haut an die Wand, daß sein Stecken zerbricht.

Nun spielt das Kind ein Stück von Liszt,
das Stück ist, wie das Stück halt ist.
Die Nachbarn beide sind ausgegangen;
wie spielt das Kind da unbefangen!

Das Kind will was von Mendelssohn proben.
Da gibt es von rechts und links ein Toben
ein Klopfen und Schreien von unten und oben ...

―――――――――――――――――――

Als dann die Feuerwehrleute kamen,
stand von dem Haus nur noch der Rahmen.

Fritz Otto
war in Not. Oh!
Gewann im Lot – to.
Ist nun tot. So.

Pick's Amsl
Pack's Hundl
was 's fallen lass
's Kindl

Es schlürft die Giraffe
ganz hoch ihren Kaffee;
Herr Maier im Kran
der bietet ihn an.

Es schwappt in Frau Tasse
der Kaffee, der nasse;
daneben Herr Tasser
hat den Bauch voller Wasser.

Hans Lukas im Kaff
sagt biff und dann baff
am Schluß sagt er bumm
und dann fällt er um

Herr Hofdiplomat Schlurke
hat im Eisschrank 'ne Gurke;
eine Scheibe pro Tag
das ist's was er mag;
und da er nicht pellt sie
zwei Wochen gut hält sie.

Herr Holterdipolter
erst schmollt er
dann grollt er
dann holt er
den Besen
das ists schon gewesen.

Streng blickt das Schwein den Metzger an
und spricht: »Auch du bist demnächst dran.«

Das Insekt vor der Haustüre lauert
bis den Schlüssel ich habe, das dauert,
wenn der Schlüssel im Schloß endlich steckt
fliegt erschrocken es weg, das Insekt.

68 Es schreit der König Krodebils
    nach einem Krug mit frischem Pils.
    Man gibt ihm eine Flasche
    die steckt er in die Tasche;
    man gibt ihm noch zwei Dosen Bier,
    die knallt er wütend aufs Klavier;
    dann haut er in die Tasten
    so daß er kracht, der Kasten;
    ein Engel bringt vom Himmel Pils,
    da freut er sich, der Krodebils.

Der Bär frißt öfter auch mal Beeren
Der Hummer hat zwei große Scheren
Der Mops zieht gern das Tischtuch weg
Der Spatz pickt Körner aus dem Dreck.

Der Hase läuft geschickt zick-zack
Der Kater den Salat nicht mag
Die Schnake sticht, spritzt, daß es juckt
Die Schlange selten sich verschluckt.

Der Maulwurf gräbt die Erde um
Das Huhn wirkt nicht nur, es ist dumm
Der Kater auf dem Dach nachts schreit
Der Kauz blickt in die Ewigkeit.

Die Amsel singt ab Anfang März
Die Spinne hat ein kaltes Herz
Das Ferkel wird erst spät zum Schwein
Der Hund kauft mit der Tasche ein.

Der Elefant hebt seinen Rüssel
Das Kind zerschmeißt die Suppenschüssel
Der Vater kocht 'ne neue Suppe
Die Mutter tagt mit einer Gruppe.

DAS GROSSE TIERALPHABET VON AAL BIS ZECKE

Der AAL hat weder Händ' noch Füße
Der AFFE packt die Nuß präzise

Der BRAUNBÄR in den Wäldern gammelt
dieweil die BIENE Honig sammelt

CHAMÄLEONS sind schon immer bunt
der CERBERUS ist ein Höllenhund

DELPHINE aus dem Wasser springen
DOMSPATZEN in der Kirche singen

Die ENTEN quasseln viel am Teich
die ELSTER wird durch Diebstahl reich

Der FALTER durch die Lüfte taumelt
die FLEDERMAUS am Balken baumelt

Die GEMSE durch die Klüfte klettert
die GRILLE aus der Hüfte schmettert

Das Ei erwartet seine HENNE
der HAMSTER rumpelt auf der Tenne

Der IBIS durch die Sümpfe stakt
der IGEL nachts die Schnecken knackt

KANINCHEN große Höhlen bauen
KAMELE lieber Gott vertrauen

LANGUSTEN leben nicht in Pfützen
doch LÄUSE öfter mal in Mützen

Die MUSCHEL sich beim Gehen plagt
der MARDER nachts am Auto nagt

Wie blickt das NASHORN arrogant
aufs NILPFERD, das sich wälzt im Sand

Der OCHSE an dem Zaumzeug reißt
die OTTER einen Hecht verspeist

Der PUDEL seinen Herrn bewegt
indes der PFAU die Räder schlägt

Der QUETZAL ist Azteken heilig
die QUALLE hat's im Meer nicht eilig

Die RINGELNATTER schwimmt gewandt
das RIND fühlt sich nur wohl am Land

SARDELLEN in der Büchse ruhn
der SÄGEFISCH hat viel zu tun

Der STICHLING aus dem Wasser guckt
sieht, wie der STORCH den Frosch verschluckt

Die SCHABE auf der Brühe rudert
ein SCHMETTERLING ist stets gepudert

TARANTELN sind nicht so gefährlich
ein TRÜFFELSCHWEIN ist unentbehrlich

Der UHU sieht nachts jede Maus
da bleibt die UNKE gern zu Haus

VAMPIRE trinken Blut nur frisch
beim VIELFRASS biegt sich schon der Tisch

Der WALFISCH die Fontäne startet
die WANZE unterm Betttuch wartet

XANTIPPE ihren Mann verdrosch
XANOPUS heißt ein Krallenfrosch

Der YAK schreibt sich mit Ypsilon
bei der YOLIMBA weiß man's schon

Das ZEBRA seine Streifen zählt
die ZECKE auf die Kopfhaut fällt

Fünf Fußnoten aus dem Pflanzenreich

Ach Veilchen, du meinst es sei März
doch 's ist November erst, mein Herz

Der Hahnenfuß hat heut Verdruß
's ist schon der zehnte Regenguß

Der Löwenzahn, der Löwenzahn
schaut immer nur die Sonne an

Wie ist der Krokus doch kokett
naja, er ist auch violett

Es wirkt die Rose auf dem Nähtisch
poetischer als auf dem Teetisch

Der Megasus, der Megasus
der hat vier krumme Beine;
ihn schleppt sein Bruder Pegasus
hinunter in den Tartarus,
da sitzt er nun alleine,
denn Flügel hat er keine.
Der Pegasus fliegt durch die Luft,
der Megasus sagt leise: »Schuft!«
und streichelt seine Beine,
der Megasus der kleine,
der Megasus der kleine.

74

Der Frosch nach einer Fliege schnappt,
das Maul erst auf, dann zu er klappt.
Da hat die Fliege sich gedacht,
warum wird es so plötzlich Nacht.

Im Schnee stehen
und schwarz sehen
heißt: nix verstehen
von Schneewehen.

Die Schnake sirrt
das Weinglas klirrt
der Vater brummt
die Stallmagd summt.
»Der gute Hirt«
sagt da der Wirt,
»ums Haus rum irrt.«

Es schwebt die Fee
in ein Café
bestellt dort Tee
mit grünem Klee
bekommt Kaffee
dazu Pürée
o je o je
du arme Fee

Der Papagei
legt nie ein Ei
legt immer zwei
mit viel Geschrei
und aus dem Ei
mit Nummer zwei
was kommt da raus?
'ne kleine Maus.

O Papagei
welch Schlamperei!

Es war ein Prinz; nur eine mocht er:
die langgestreckte Königstochter
mit ihrem kurzen, dicken Vater,
nichts anderes im Sinne hat er
als diese endlich zu erringen
durch Turnen, Jodeln, Tanzen, Singen.
Sie selbst war steif wie eine Stange,
das aber macht ihm gar nicht bange:
Er konnt an ihr das Klettern üben,
das Kitzeln, Zwicken, Kratzen – Lieben;
er klappt zusammen sie, der Meister,
wie einen Koffer; dann verreist er
mit ihr flugs in die Lombardei
und dort legt sie für ihn ein Ei.

Es war einmal ein Königssohn,
der war gut vierzig Jahre schon
und wollte endlich auf den Thron.
Sein Vater sprach zu ihm mit Hohn:
»Mein lieber, alter Königssohn,
nach vierzig Jahren Papa-Fron
geb ich dir gerne Monatslohn,
doch niemals kriegst du meinen Thron
auch nicht meine Königskron'
auch nicht das Schloß, in dem ich wohn.
Das merke dir, mein lieber Sohn,
ich glaube, du verstehst mich schon.«

Der Königssohn verstand genau
und nahm sich eine Schusterfrau.

Schremm schremm schlupdiwupf
wenn ich nachts mein Hütel lupf
sind darunter Kröteneier
aus dem nahgelegnen Weiher.
Morgens hüpfen dreißig nette
kleine Kröten um die Wette
hin und her auf meinem Bette,
daß ich doch Gesellschaft hätte.
Die Gesellschaft tut mir gut,
dankeschön, mein lieber Hut.

Schremm schremm schlupdiwupf
Krötlein, Krötlein hupf hupf hupf.

's war mal ein Dichter, hieß Friedrich Güll,
er dichtete schlecht und er dichtete viel;
meine Gedichte sofort ich zerknüll',
wenn ich merk, ich gerat in dem Güll seinen Stil.

Am Fenster steht der Lilienfinger
des sonntags trägt oft einen Ring er
er droht ganz leis, und plötzlich zischt er
daß man erschrickt – und dann entwischt er.

Blume und Vase
Blüte und Nase
Rose und Duft
flink ist die Luft.

Wie ist die Welt
so nudelgelb
so honigfroh
so Buffalo,
und wem sie nicht
so biff gefällt
der baff sich selbst
ein Bein da stellt.

Der Doktor Padrille
trägt aus Stahl eine Brille;
sie schmerzt ihn zwar sehr,
doch sie macht etwas her.
Wenn sie zu Boden fallen tut,
ist sicher nur das Glas kaputt.
Ja sowas Stabiles,
davon gibt es nicht vieles.

Der Doktor Padrille
hat gezähmt eine Grille;
verlegt er die Brille,
so sucht sie die Grille;
Hat dann seine Grille
gefunden die Brille,
dann zirpt sie ganz schrille.
Da kommt der Padrille,
setzt auf seine Brille
und gibt seiner Grille
ne Vanille-Pastille,
da ist sie dann stille.
Das freut den Padrille.

Es hockt in einer Waldecke
eine große grüne Heuschrecke;
sie geigt und fiedelt und fiedelt und geigt
daß die Musik zum Himmel steigt;
auch ihr Geselle hebt nun das Bein
und fällt im Zwiegesang mit ein.

80 Auf seinem Trip nach Israel
hört das der Engel Gabriel,
hält inne in seinem Fluge
und lauscht der kunstvollen Fuge.
Er war so bezaubert und so becirzt
daß er ganz schnell auf die Erde zustürzt
und befiehlt, daß die Komponisten
sofort in den Himmel rauf müßten.

Sie fliegen und hören schon bald von oben
ein unglaublich lautes, gewaltiges Toben
von Posaunen und Tuben
geblasen von Buben
mit knallroten Köpfen
und riesigen Kröpfen.
Da spricht der Engel Gabriel
mit seiner Stimme scharf und hell:
»Ich dank euch schön, ich hört' euch schon
und ihr geht jetzt alle in Pension.«

Die Heuschrecken müssen sich setzen,
sie beginnen die Beine zu wetzen
und geigen im feinen, kunstvollen Stil
eine Himmelsmusik polyphon und grazil.
Der liebe Gott, der geschlafen hatte
fällt fast aus seiner Hängematte
so hat ihn das Gezirpe berückt
er steht jetzt auf und lächelt verzückt.
Auch wir hören manchmal in hellen Nächten
zwei Stimmen am Himmel, die zart sich verflechten.
Zu Ende ist's nun mit dem himmlischen Tosen,
dort spielen jetzt unsere Waldvirtuosen.

Wir haben in unsrer Familie
zwei Rosen und eine Lilie
und auch ein Eichhörnchen haben wir
das spielt untertags öfter Klavier
und sammelt Pralinen, Scheren, Papier
verstaut das in einer Schublade
und dann ist es weg – o wie schade.

Im Winter g e h ich nicht ins Bett,
Ach was! ich kriech hinein!
Wenn ich nicht drei Wärmflaschen hätt
wär ich ein armes Schwein.
Die erste ist fürs Allgemeine
die zweite speziell für die Beine
und als Reserve eine dritte
wenn's recht saukalt ist für die Mitte.

Mit Ohropax aus Bienenwachs
tu ich die Ohren stopfen,
dann hör ich nachts nicht einen Knax
und morgens nicht das Klopfen.
Die Nachtausrüstung ist perfekt,
daß jeder Schiß hat, der mich weckt.
Am besten läßt man mich, den Braven
so lang ich mag in Ruhe schlafen.

Der Lüffi

»Ja, sicher, ich werde Lüffi genannt,
auch andere Namen von mir sind bekannt,
ich spiele die Geige – jetzt nicht mehr den Seitz,
sondern Johann Sebastian Bach bereits
ein Konzert in E Dur oder Moll
oder was das alles bedeuten soll
mit Be oder Kreuz jedenfalls zwei oder drei
halt! Fis, das weiß ich, fis ist dabei,
ist auch egal und ich werde gelobt,
Mensch, dafür habe ich aber auch geprobt.
Ich spiel im Orchester, da wirds manchmal dick
und mach auch – wie heißts doch gleich – ja, Kammermusik
da spiel ich mit anderen zu zweit oder dritt
und in Japan und Belgien spiel ich auch mit
und in Amerika, da spiel ich mit der Mama
hauptsächlich Orchester, aber auch Kammermusik spiel ich da, ja ich bin schon ein Profi,
ein Profi, hörst du, ein Profi, kein Doofi!«

So spricht unser Lüffi
der ganz liebe Schnüffi.

Der Toni

Es sagt das Schildkrötenkind Toni:
»Jawohl, im Wasser, da wohn i,
aba heit san so vui Fisch umanand
da geh i lieber a bisserl ans Land.«
Es klettert der Toni, der nasse
auf die hölzerne Felsenterasse;
gebaut hat's der Ferdi, der Papa
für seine Schildkrötenschnapper;
wenn einer den Ferdi erblickt
hupft er in d' Höh wie verrückt.
Die Sonne macht den Toni bald trocken;
der Kerl aber bleibt immer noch hocken.
Er grantelt: »Geh, schleicht's euch, ihr Gaffer
i möcht amal fünf Stunden da schlaffa.«
Der Toni hat's gut, der kann lachen,
er muß keine Hausaufgaben machen.

Geschnatter am Gatter;
von Füchsen und Büchsen
erzählen die Gänse und von letzter Nacht
wie's da viel Lärm gab und dann hat's gekracht.

Die Eule berichtet
sie hab' in der Dämmrung
den Fuchs schon gesichtet,
er nähert sich schnell
dem Gänsegestell.
Wer hat das gehört?
Da steht ja der Fuchs;
er mustert die Gänse
und zählt ihre Schwänze;
auch schmatzt er ganz leise.
Hat das wer gehört?

Der Gänserich Peter!
Hoch leb' er! Da steht er,
hob an sein Gezeter,
der große Trompeter.
Kam grad der Knecht Xaver,
ein treuer, ein braver
kam grad aus der Pinte,
holt schnell seine Flinte
und brennt auf der Stell
dem Fuchs eine auf Fell.

Die Füchsin, die wartet
mit den Kindern, den lieben
und denkt sich, wo ist denn
der Vater geblieben?

Der Lateinschüler Quintilian
bemerkt zu seinem Freund Kilian:
»Für die Familie und den Vater
war dies fürwahr ein Dies Ater.«

Der Schimmel- Schimmel- Schimmelreiter
nach seinem Schimmel Schimmel Schimmel schreit er.
Da trabt herbei 'ne schwarze Stute,
ein Irrtum, wie ich stark vermute,
und auch der Schimmel- Schimmelreiter,
er weiß nicht aus noch ein noch weiter,
besteigt sie dann; was tut die Stute?
Sie trägt ins Jenseits ihn, die Gute;
da ist er mehr erstaunt als froh,
jedoch was soll's, es ist halt so.

Aus »Maulchens Tierleben«

Am Pilz, der still im Walde haust
genußvoll eine Schnecke schmaust.

Die Katze sich vorm Mausloch putzt,
da ist die Maus doch sehr verdutzt.

Fische, die vorüber zischen
sind so leicht nicht zu erwischen.

Der Elefant rollt auf den Rüssel
senkt tief ihn in die Suppenschüssel.

Das Kälbchen keine Eile hat,
es schaut und frißt dabei ein Blatt.

Die Spinne starr im Netze lauert,
bis eine Fliege kommt, das dauert.

Der Storch steht gern auf einem Bein,
versteckt den Kopf und schläft dann ein.

Der Frosch, warum ist er so faul,
er öffnet nur selten sein Maul.

Die Wespe bleibt im Zucker kleben,
es fällt ihr schwer, ein Bein zu heben.

Die Schnecke kriecht auf ihrem Schleim,
zwar braucht sie lang, doch kommt sie heim.

Die Maus mit ihren bunten Stiften,
sie illustriert des Brummis Schriften.

Die Raupe wird zum Schmetterling.
Mensch, Mukki, ist das nicht ein Ding??

Im Frühling

Die Amsel singt ab Anfang März,
die Herzen fliegen himmelwärts,
es tönt das Eis, bevor es bricht,
das Jahr wärmt sich an neuem Licht.

Der Winter seine Mütze nimmt
und setzt sie auf; er ist verstimmt,
daß es der Frühling nochmal macht,
dran hat er gar nicht mehr gedacht.

Die Schwalben sind total betört,
vergeuden ihre Zeit mit Flirt;
in Afrika, der Lämmergeier,
ja, der legt jetzt schon seine Eier.

Doch ist es ja erst Anfang März,
die Lerchen stürmen himmelwärts;
wo nichts vergeht, wo nur entsteht,
da schmeckt die Zeit nach Ewigkeit.

Frühlings-Sportlied

Der Berg steht noch in weißem Schimmer,
man sieht ihn oft, jedoch nicht immer;
der See ist nun vom Eis befreit
und auch die Schwimmer stehn bereit.
Der Radfahrer munter aufs Rad sich setzt,
die Schifahrer müssen höher hinaufsteigen jetzt.
Die Sportler sortiern schon für alle Fälle
ihre Hand-, Fuß-, ihre Golf- und die Tennisbälle.
Der Angler gräbt in dem Erdreich, dem weichen
nach Würmern. Die Segler ihre Boote jetzt streichen;
der Wandermensch schmiert seine Schuhe mit Fett,
die Kinder müssen erst später ins Bett.
So ist unser Frühling, meine Sportgenossen,
ein Aktiverlebnis für die Kleinen und Großen.

Herr Röhl

Essig und Öl,
das schätzt Herr Röhl
Öl und Wasser
das, sagt er, lass er.
Wasser und Feuer,
Herr Röhl sagt, das scheu er.
Öl und Feuer,
meint er, das kommt teuer.

Kunst und Öl
verachtet Herr Röhl.

Sechsundvierzig Drachen
durch die Lüfte krachen,
denn sie fliegen heut
zu Richard Wagner nach Bayreuth.

Durch die Luft sie brettern
Siegfried zu zerschmettern.
Eine hohe Tanne
führt zu einer Panne.

Niederstürzen alle –
(es war eine Falle!)
ihre Wunden lecken
sie in Waldverstecken.

Fünfundvierzig Drachen
das nicht noch mal machen.

Heiße Nacht bei Brabinski

Etablissements-Ballade

Bei Brabinski in der Dralle
wo man sitzt im Labenfulz
Flockend an der Abendknalle
rot beim Flautsch im Kammerwulz.

Wadentanz, Klabasterpfiffe
und Crumettis Raben-Kniffe
wasen gall die Wuckelbahn.

Dort am Walz und an den Zengen
wie da schmizzt in Salk und Wengen
Flobikuk und plastert frull
tunken auf Forezzas Mull;
kwatt sieht man die Wegolanski
rallen sich im Fadenzwang
im Prepanto riggt als Mann sie
piffend, knaffend, fluderlang.

Schnall und Wall und Wickeldünne
falzt im Kammerwulz die Sinne.

Lug sich fugt die Stunde feicht
sickel, suck und fockileicht
ralgt und pilgt im Schlapperknette
Robafura, die Coquette.

Schaggert nacht mit Tülenseife
Abul Seban's Bickelfeichte.
Lilly Cnohel, schmuck und rakel
schluht galax in Abul's Takel.
Stut den Fnack! – oh Wapperding –
rulzt da flix ein Fulgefing?

Robafura pitzt, schnaggt, flockt
flitscht die Lukke ongemoggt
und verstrackt am Labeszwicke
die Papitte in der Micke;
jetzt kabanzt aus Lillys Pnalle
sie Brabinskis Überschlalle,
die belag, in der, so dachte
und ersmog, der Fulz sich machte
schon vernafft im Wickelbarg
doch noch troff den Trulensmarg.

Päng! Fakutzke stiebt vorhenter
ins Gemach, balon, balenter.

Flotzeturkel! wie da schnackt
Abul Seban flutzenackt
und der trangefeichte Lulle
sabbert piffend in der Trulle
wo beratzt mit Siepenknattel
man benetzt des Tolen Flattel.

Jetzt Brabinskis Fisterhand
stotz sich molzt mit Rulekland;
ruck Prepanto – rall den Knittel
in den Puttenfagenfittel
rappatazzt – oh Wecherdanne
Abul Seban in die Kranne.
Ja! da wuppern Trill und Tagel
Abul nun mit Lapp und Bragel.

Morgens in der Drall-Kanotte
sieht die Flotte Lillys Motte
und, oh Lilly, kran den Tüdel
exturbiscat Abuls Püdel.
Happ! da schneppt die Flatt herbei,
mit Brabinski ists vorbei.

Bei Brabinski in der Dralle
wo man saß im Labenfulz
flockend an der Abendknalle
rot beim Flautsch im Kammerwulz
Wadentanz, Klabasterpfiffe –
Flotzeturkel! Aus die Kniffe.

Das Fest von Commodo-Mondau

Für die liebe Christa Reinig
von Ihrem
                Killmayer.

Die Bezirksleitung
von Commodo-Mondau
lädt alle langfigurigen Fingerdamen
ein zu einem
Taschendiebstahls-Nachtfest
mit Hasenpelzchen
und Hosenrüschchen;
im Wams mit doppeltem
Hosenboden
klimpert allerlei
unter Guttapercha
und alle Zicklein kleppen sich
erst mal einen baumelnden
Daumenohrring
unter die Brustwarze
(Das findet sich!).

Unter so Gepfiffenen
ist nichts ein alter Hut.
Zigeunerchapelle mit
Kniegeiger
(in der Kehle knirscht's (Achate?))
und ein getreulicher
Servus
weist Debütantinnen
Fing-Fang-Lokalitäten
unter zuckenden Gästinnen.

Was verbirgt der
Primanerinnen-Hutzipfel?
Rat und greif!
x ist nicht x
(heißt außerhalb des
Wadenwickels am Beute-Bein).
Bucklige verschont man nicht
(was ist schon echt in dieser
Faß- und Greif- Sommernachtsschlacht.)

102 Wer, bitte,
trägt nichts in der Ohrmuschel
unter der Braue?
Kaum niemand.
Wer sein Glasauge nicht hüten kann
hat sich die Fingernägel kurz schleifen lassen.
Gewichts-Erfolgs-Greifer ans Werk!
Das Knistern der Zentner
wird durch Munkeln übertönt
(niemand ist unmenschlich
ganz und gar).

Glock zwölf
schlägt das Herz des
figurenreichen Baronessen von Lau-Lau,
sprengt die gewaltige
Gürtelblase seines Harems auf
und hervor sprudeln
die Zunft-Mätressen
und wirbeln ihre vollgekarrten
Strümpfchen und Höschen
wie Würste durch die Lüfte!

Was für ein Fest!
Gepolstert, ja gepflastert
liegen die Schwälmer
schwer auf der Waage.
So wird verwandelt der Mensch,
veredelt
durch vorgefaßten Ungeiz,
kaut mit des anderen Goldzahn
und wiegt sich (im Tanze)
mit uneigener Kunsthüfte (knirsch)
Beutestück reibt sich an
Beutestück und kommt –
(Walzer keimen vom See her auf) –
so wieder zusammen.
O Tausch!

Was für Gelüste
hast du benervt
was für verkommene
Tastfreuden,
was für einen
schon fast entschlafenen
Greifjubel
hast du wieder angefeuchtet,
aufgezwickt
den Juckfinger,
die Spähschlitze gewetzt
und die Ohr-Felle trommeln
ihr leises »Hab acht!«
(so stirbt das Zimperliche, räudig!
Ich sag's ja!)

Und es schwitzt und schwelgt
entwendete Persönlichkeit
und setzt sich (forti-fix)
neu zusammen.
Ungewesene brüsteln sich als Phönixe
Vermischte (o silberner Mond!)
als Zusammengestauchte
verzückt mit gefledderten
Leibesschrauben.

Beim kraulen des Morgens
erkennt sich wieder – (o wer?)
an seinen schartigen Gewohnheiten?
Niemand kann's, darfs, möchtz.
Umgetauscht ist jeder Getaufte; glaub's!

Kurz, wenn die Sonn'
ihren Langfinger räkelt,
gibt's Damen-Schrott,
Klabauterweise,
ihr Mönchlein!

... Unsinn, der, herumflanierend auf Tiefsinn stößt
Für Klaus Voswinckel
zum 6o. Geburtstag

(Ich weiß, daß Klaus und Ulrike Voswinckel
meine literarischen Klabautereien
mit Wohlwollen versorgen
und Sinn für Unsinn haben ...)

… Unsinn, der, herumflanierend auf Tiefsinn stößt,
was ohne Schrecken geschieht.
Unsinn macht den Tiefsinn faßlich,
sagt Svenson dankbar.
Tiefsinn, sagt er, ist
wahrnehmungspflichtig,
jedoch
vertreibenswürdig,
räumt er ein.
Er präsentiere nun ein Stück, sagt er:
Die Erlebnisfalle,
ein geistiges Erzeugnis
für fortgeschrittene Freunde.

Es treten auf:
alle – ohne Todesfurcht.

Forkel drängt sich vor
und verbrennt seine Gewissensbisse.
Er sieht vehement Svenson nicht,
der in ungewohnte Empfindsamkeit verheddert
seine Gestalt abzustreifen im Begriffe ist.

Fortinbras, mit Hiddigeigei im Handgemenge
wird nun von Forkel angegriffen.
Im Vorgenuß eines Ungemachs

schärft sich sein Entschluß zum ultimativen Hieb,
der von Hiddigeigei in eine Lappalie umgestaltet wird,
was Svenson billigt.
Dom Pedro würzt die Geschehnisse mit Schmeicheleien.

Doktor Zwerghofer
ein Verwandter Hiddigeigeis
w i r d erst noch;
Sein Liebchen strickt ihn gerade;
er war ein Perlhuhn.

Nachtsalz,
der als allgemein Verschwiegener
tief im Plunder wurzelt,
ist unsichtbar.

Wenzel Ströselband
erreicht durch Unbeteiligtsein
das Auftauchen der Tante aus dem Wasser,
von einem Haifisch begleitet,
der halsstarrig das Ufer betritt,
sein Vorangehen nicht weiter entwickelnd.

Wlaschiha
erscheint nun endlich und plötzlich.
Sie hat ihre Knechte noch im Sack,
frühmorgens wummern sie drin.

Sie begibt sich in die Klausur des Lebens,
das Entstehen der Gesetze verachtend und
– wie die Tante sagt –
innerlich frostlos
von Firlefanz umtanzt,
den Hieb des Daseins verspottend.

Reizend und burschikos wie sie ist,
hat sie den Bauch der Venus von Urbino.
Mägde räumen ihre Kleider weg
und kauern wie schlafende Hunde vor ihrer Truhe.
Leis tropft Beute
und ihre Rechte zupft das Röschen
aufgeschlagen im Bett-Netz.

Mit Hut, Stock und Flöte
schlendert Adonis herbei.
Er sieht sie.
Ihr universales Liegen
läßt ihn aufschäumend weiterstreunen.

Straff, strong und saluzig
behandelt sie seine Erwartungen dennoch bündig,
Belagerungsbedingungen haushälterisch anwendend,
Verführungen verschärfend.
Er, niederfallend,
küßt den Saum ihrer Ottomane:
»Wenn wir wirken wollen
müssen wir Abschied nehmen«
sagt er, sich umdrehend.
Er strebt nach Aberglauben,
um seinen Gehorsam zu erweitern.

»Wenn wir weiter wirken wollen«
zitiert Zottl Nachtsalz
»dürfen wir Gegebenheiten nicht überzeugen lassen«.
»Ha!« erklärt der Exorzist Vogler
nun seinerseits Nachtsalz parodierend,
Wirkung sei das Zusammentreffen
von Vorhergewußtem mit Unvorhergesehenem.

Inzwischen hat Wlaschiha
ihr Strahlen abgehängt
und ihre innere Betretenheit
rückt vor.
Wie lähmt doch Erkenntnis die Freude!

Ein Gemütstag bricht an.
Walnüsse zieren das Kraut
und die scharfen Zähne ergreifen alles.
Grausam wie Forkel schmatzt,
sein Wesen erschöpft sich im Unbedeutenden –
so entsteht Charme.

Im Türspalt wird Tante Grödel sichtbar,
theophanisch:
»Was macht der Glaubenlose?
Wie beschwichtigt er Gott?
Erlebt er sich z.B. in Neuartigkeiten?
Kann man streben ohne zu stolpern?
Wie gelenkig sind Gebote?«
Wilde Fragen der Sonntagsgruppe.
Bravo! Die Zukunft!
Nirgendwo stülpen sich Gesetzmäßigkeiten
so nachdrücklich ins Gebein
wie beim Gewissensbiss.

Polternd erwirkt Svenson
in der Erlebnisfalle eines unbemeisterten Durstes
sein Ertrinken.
Forkel erlischt gleichzeitig
um Erlaubnis gebeten habend.

Hinter der Mauer
lauert
Olguch, Jesuit.
Bereit zu allem zerstört er
mit einem Hammerschlag Verschiedenes.
»Soll ich nichts wissen?« brüllt er;
er erwartet die Eiszeit, sich setzend.

»Nicht untergehen« sagen Verschiedene.
»Nicht überglücklich sein!«
sagt der bleiche Hans.
Die Geschworenen erwidern jäh nichts.

»Wir gehen« sagen zwei Gerippe um Forkel.
»Wir werden immer dicker.«
»Sie haben zugenommen«
ist die Begrüßungsformel oben beim Empfang.

Petronilla Schäffel verletzt
ihren Bruder auf dem Bauernhof.

Adonis sieht seine Erlauchtheit
nur unschart;
die Ewigkeit ist stürmisch
und die Gewogenheiten wechseln.
»Nicht verdutzt sein!«
mahnt Wlaschiha.

Alle
durch Umstülpungen Erleuchtete
und durch Nachlässigkeiten Erweiterte
bedanken sich für gute Adressen.

Nachtsalz
wirft ein Quellmittel
in die Gesellschaft;
auf der Stelle sind alle verschwunden.
Zurückbleiben Armbänder, Uhren,
Goldzähne und Schreibmaschinen.

Der große Plodrich
kehrt alles zusammen,
Amen.

Rede des Jost Rächlin (Auszug)

... Wenn wir alle die Stoßzähne des Alltags und die Brillorien von Gewogenheiten unserseits gemeinsam verschlagen und versetzen wollen, und allen Belachten und Unverdrossenen sagen können: Alle, wir, ihr und unsererseits stehen gemeinsam als Gestolperte und Gelackmeierte im Bogenlicht der Amtsstuben, belämmert und beschnitten stehen wir auf Plätzen und auf Wachstüchern in Pfützen, wie wir sind, dann, Bürger, flicht uns der Tag den Kranz des staunenden Biedersinns, so mein ich, dann pfeift uns die Stunde den Stubenhocker ins Loch! So mein ich, warten wir mühsam, doch ungeduldig und schrittweis im Staube.

Wir stehen nicht als Wirte da, als Betragende sind wir vorgeführt und als solche verstehen wir uns mit Stolz und mit Ächzen. Honig und Wurzel haben wir aufgewendet zu ermangeln uns nicht lassen den Widersinn, der uns vermächtig und quer die Stufe finden läßt, deren Tritt sich uns schwingt ins Daseyn, das wir vermöchten, nicht aber vermissen, das zu erringen wir uns selbst und das allein ohne der Habenden Salz oder Zucker!

Wenn eindringt, gewiß und beständig, belacht oder nicht, aber gewußt und im Rüttelfesten wie Rohr sich vermag in Sand auch zu halten, dann, Mensch, wird nicht mehr gezogen der Schlappfuß aus dem Rübenfeld, nicht mehr gerauscht mit dem Kleingeld und lässig gewechselt das Griffloch aus Überdruß oder Gelehrtheit, nein, aus Angst und Erbeben, aus Hungerkraft schwappen wir ein in den Zirkel der Laune, der Flause, schleimabsondernd, wie wir sind, naß und uns kratzend gebührlich, Freunde, ich mein, es wird Zeit!

Schmöger

ich komme rein
ich gehe raus
ich sage b
ich komme rein
ich gehe raus
ich sage bb
ich komme rein
ich gehe raus
ich sage schmöger
ich sage f schmöger
ich kenne f schmöger
ich mag schmöger und sage b
ich gehe   123
ich geh
ich komme f wieder
ich sage f schmöger
ich esse f schmöger
ich esse schmöger weil ich schmöger mag
ich sage
ich sauge
ich sage
ich sauge
ich sage sauge und esse b
ich sage sauge komme warte lebe und b
ich warte komme lebe esse gehe sauge sage kenne und schmöger

ich sage und schmöger
ich komme und schmöger
ich sage b und schmöger
ich sage b
ich sage b
ich sage b
ich sage b und f ^al-bert
dann sage ich wieder schmöger
und wieder schmöger
ich sage b
ich sage f

ich sage b f
ich sage b f
ich sage b f arrer
ich sage b f arrer
ich sage b f arrer schmöger
ich sage b f arrer schmöger
ich sage b f arrer schmöger
ich sa ^al-bert
ich sa ^al-bert
daran habe ich meine f ^al-bert
daran ^al-bert
daran habe ich f meine ^räu-de

lebt und
lebt und
schaut
staunend
stolz
stumm
starrt er
dem Augenblick ins Auge
dem einzigen Augenblick
in dem die Gerechtigkeit
ihren Schrecken verliert
dem einzigen Augenblick
in dem er das Überwältigtwerden
bejaht,
bejahen kann, bejahen muss:
eben dem einzigen überwältigenden Augenblick:
seinem letzten!

Nachwort

Für den Komponisten Wilhelm Killmayer stand der generelle Sprachcharakter von Musik außer Zweifel. Die sinnvolle zeitliche Organisation von aufeinanderfolgenden Tönen und Klängen durch Rhythmus und Tempo entspricht seiner Ansicht nach syntaktischen Beziehungen, die analog zum Kommunikationsmedium Sprache verlaufen. Umgekehrt schreibt er allerdings vielfach auch sprachlichen Mitteilungsformen einen primärmusikalischen Hintergrund zu, vor allem Erscheinungsformen gebundener Sprache wie der Lyrik. Killmayers ebenso bemerkenswerte wie detaillierte Analyse Hölderlinscher Gedichte auf ihre rhythmische und klangfarbenmelodische Substanz hinter grammatikalischen und semantischen Inhalten belegt dies eindrücklich. Insofern kann es nicht verwundern, daß der akustische Spieltrieb Killmayers als Komponist auch auf sprachliche Gebilde übergriff, die durchgängig auf die Präsenz des gesprochenen Wortes, somit auf Aufführbarkeit gerichtet sind. Das meditativ angelegte, stumme Lesen steht nicht im Zentrum ihrer Intentionen, vielmehr ist ihr Telos auf Vorlesen und Hören gerichtet, ob allein für sich oder coram publico. Die Sprachmusik sucht das vergegenwärtigende Ereignis im musikalischen Sinn, dem nicht selten theatralisch-humoristische Züge innewohnen.

Die literarische Form des Limericks hatte es Killmayer besonders angetan, wobei die inhaltlich musikbezogenen Verse als höchst individuelle Unikate ihrer Art gelten dürfen. Die Benutzung verschiedenartiger Instrumente und die Charakterisierung ihrer Ausführenden werden zu einem zentralen Thema liebevoll-ironischer Verdrehungen. So werden beispielsweise der latent-komische Eindruck, den ein Fagott spielender Jüngling hervorrufen kann, bzw. die instrumentaltechnischen Schwierigkeiten, denen sich ein Bratscher ausgesetzt sieht, ebenso aufs Korn genommen, wie man das eindringliche Bild eines nackten Dirigenten, der »ein jegliches Werk im 5/8-Takt« ausführt, kaum vergessen kann.

Die formale Strenge des Limericks a/a b/b a mit der Maßgabe eines entschieden kürzeren Formteils b läßt durchaus an musikalische Prinzipien denken, die der Tradition variierter Liedformen entstammen. Letztlich handelt es sich bei Killmayers Limericks um grotesk- phantastische Sprachstrichlieder, zu denen sich durchaus kompositorische Äquivalente selbst innerhalb seiner Instrumentalmusik finden lassen, so im kammermusikalischen Bereich bei so manchen Sätzen aus den »Bagatellen« für Violoncello und Klavier oder den beiden Romanzen-Zyklen. Immer spielt das Ertüfteln von Zusammenhängen, die musikalische Selbstverständlichkeiten in einen fremden Kontext stellen, eine große Rolle. Allzu Vertrautes und selbstverständlich Benutztes wird so in eine neuartige Bezüglichkeit gerückt, die Alltäglichkeiten humorvoll verunsichert und aufreißt. Innerhalb dieses vielfachen Spiels von Brechungen und Irritationen bleibt jedoch meist eine natürlich wirkende, liedhafte Verfasstheit erkennbar, die Killmayers Komponieren als Musik- wie Sprachkünstler trägt.

Bei den Limericks, die Killmayer als kleine Komponistenporträts anlegte, fällt auf, daß er die Großmeister weitgehend meidet. Sie verstehen sich einerseits als liebevolle

Hinweise auf allzu Vernachlässigtes – so etwa im Fall von Adolphe Adam oder Friedrich von Flotow –, andererseits als ironische Korrekturen üblicher Einschätzungen wie im Falle Franz Schrekers oder Giovanni Battista Sammartinis. Doch auch ein ernsthaft-melancholischer Tonfall macht sich gelegentlich bemerkbar, so in den klugen Limericks zu Johannes Brahms und Hans Pfitzner. Bei all diesen aphoristischen Porträts bleibt eine spielerische Distanz erhalten, die das entdeckte Besondere wie eine Momentaufnahme erscheinen läßt.

Das phantastische Spiel mit Figuren entfaltet sich besonders eindrucksvoll in Killmayers Opern-Limericks. Der historisch überaus kenntnisreiche Killmayer, den von Kindheit an musiktheatralische Erlebnisse begleiteten, läßt die Personale einzelner Werke von Mozarts »Zauberflöte« bis Bergs »Wozzeck« literarisiert vorbeitanzen, ihr ebenso ironische Blicke zuwerfend wie ungewöhnliche Seiten abgewinnend. Einen gewissen Schwerpunkt nehmen, in guter karikaturistischer Manier und Tradition, die Wagner-Themen ein; vielen Figuren wird auf spontan zupackende Weise ein zusätzliches humorvoll-phantastisches Profil verpaßt, dem meist ein zunächst nicht offenliegender Wahrheitsgehalt innewohnt. Charaktere werden generell in einer teilweise grotesken Abseitigkeit gezeichnet, deren Wahrnehmung jedoch nie zu Prävention oder gar Desavouierung führt.

Vor allem die kurzen Kindergedichte verraten Killmayers Vorliebe für elaborierten Infantilismus und entsprechende dadaistische Tendenzen. Letztere bezogen sich ein Leben lang auf Kurt Schwitters, dessen »Ursonate« er in der Tradition Carl Orffs vielfach rezitierte. Aber auch die

Nonsens-Lyrik eines Christian Morgenstern schimmert immer wieder durch, so im »Großen Tieralphabet« oder den »Fußnoten aus dem Pflanzenreich«. Darüber hinaus entwickelt Killmayer hier eine spezielle »Musikalisierung« von Sprache, die eine tiefsitzende Lust am Gebrauch der Sprachwerkzeuge wie Mund, Lippen und Atmung verrät. Wir haben eine Art haptisch-akustischen Hedonismus vor uns, der Vokalvirtuositäten mit phantasievoll schnäbelnden Konsonantenreihen verbindet, so modellhaft im »Geschnatter am Gatter« oder in der »Heißen Nacht bei Brabinski« erlebbar. Nicht selten kippt dabei der Nonsens- Charakter in konkrete Poesie um, womit endgültig die Grenze zu musikalischen Verläufen überschritten erscheint.

Killmayers »Literarische Klabautereien«, wie er sie selbst benannte, gründen in einem musikalisch-kompositorischen Bewußtsein, das humorvolle Phantastik in gestaltete Form bringt. So wie seine Musik in unauffälliger Selbstverständlichkeit Kommunikation und Verständigung anstrebt, um die er nicht selten in langwierigen Prozeduren präzisen Austarierens von Klang- und Zeitverläufen ringt, so erweisen sich auch seine literarischen Kleinode als Perlen möglicher Dialoge im Medium der Kunst.

Siegfried Mauser

Die kleine Bibliothek der Akademie wird herausgegeben vom Präsidenten und vom Direktorium der Bayerischern Akademie der Schönen Künste.

Gedruckt mit Unterstützung der Friedrich-Baur-Stiftung, Burgkunstadt.

Bayerische Akademie der Schönen Künste
Max-Joseph-Platz 3
80539 München
www.badsk.de

Bibliografische Information der Deutschen Nationalbibliothek

Die Deutsche Nationalbibliothek verzeichnet diese Publikation in der Deutschen Nationalbibliografie; detaillierte bibliografische Daten sind im Internet über http://dnb.d-nb.de abrufbar.

Vom Verlag gesetzt aus der Walbaum
Umschlaggestaltung: Wallstein Verlag
Umschlagabbildung: © Isolde Ohlbaum
Druck und Verarbeitung: Hubert & Co, Göttingen

978-3-8353-3316-1